AF242203
L 27
n
21853

NOTICE

SUR

HIPPOLYTE D'ESTE

CARDINAL-ARCHEVÊQUE DE LYON

1540-1551

PAR

A. PERICAUD L'AÎNÉ

DES ACADÉMIES DE LYON, TURIN, DIJON, MARSEILLE, BESANÇON, ETC

DOYEN DE LA SOCIÉTÉ LITTÉRAIRE DE LYON

PARIS

Chez M. JULIEN, LIBRAIRE

Rue de l'Éperon, 9

LYON

Chez AUGUSTE BRUN, LIBRAIRE

Rue du Plat, 13

—

1865

Lyon. — Typ. d'Aimé Vingtrinier.

NOTICE

SUR HIPPOLYTE D'ESTE

CARDINAL-ARCHEVÊQUE DE LYON

—

Hippolyte d'Este, né le 24 août 1509, était fils d'Alphonse, duc de Ferrare, et de Lucrèce de Borgia (1) ; il fut élevé dans le palais de son père, qui se donna lui-même le soin de l'instruire dans les secrets du gouvernement et de la politique ; il vint très-jeune en France, et déjà il était pourvu de plusieurs dignités ecclésiastiques ; il plut beaucoup à François Ier, dont il était en quelque sorte l'allié (2). Ce monarque l'accabla de bénéfices (3), le nomma conseiller d'État, et lui fit donner, le 5 mars 1538, le chapeau de cardinal, par Paul III. L'année suivante, Jean de Lorraine (4),

(1) Le frère de Lucrèce, César de Borgia, nommé gouverneur de Lyon en 1498, fit son entrée solennelle en cette ville le 18 octobre ; le Chapitre de Saint-Jean lui fit des présents, et lui donna la Comédie.

(2) François 1er avait épousé Claude de France, fille aînée de Louis XII, et Renée, la cadette, avait été mariée à Hercule d'Este, frère d'Hippolyte. DE THOU, l. 53, *ad calc.*

(3) L'abbé du Tems s'est trompé quand il a dit : qu'Hippolyte avait été abbé de Savigny et de l'Isle-Barbe (*Clergé de France*, I, 295) ; ces deux bénéfices étaient possédés par Antoine d'Albon.

(4) J'ai publié, en 1864, une notice sur cet illustre prélat, auquel Joachim du Bellay adressa un sonnet que l'on trouvera p. 317 des OEuvres de ce poète (Rouen, 1597, in-12),

s'étant démis du siége épiscopal de Lyon, Hippolyte lui
succéda, et prit possession par procureur, le 26 février
1540 (n. s.). Le *Gallia christiana* a reproduit, sans en donner la date, la formule du serment qu'il prêta lors de sa
prise de possession en personne ; il promet, entre autres
choses, de ne point toucher aux trésors de l'Église, de prêter aide aux chanoines pour la conservation de leurs biens,
d'observer la composition faite entre l'archevêque Guichard
et Guy, comte de Forez, ainsi que celle qui avait été conclue
entre Beraud de Goth et le Chapitre.

Notre nouveau pasteur fit son entrée solennelle à Lyon,
par la porte du Rhône, le lendemain de la Pentecôte, 17
mai. Le Clergé de toutes les églises, suivi de tous les Ordres
et de toutes les corporations de la cité, se rendit procession-
nellement au devant de lui. Les échevins portèrent jusqu'à
Porte-Froc, le *poisle* sous lequel il marchait. Les rues qu'il
traversa étaient tapissées, et plusieurs *Moralitez* furent ré-
citées à la place du Puits-Pelu, dans la rue Grenette, à la
place de l'Herberie, et à celle des Changes (5).

Après son installation, Hippolyte dut retourner à la Cour
où l'appelaient ses fonctions de conseiller d'État. Il trouva le
Roi à Fontainebleau, et lui présenta Benevenuto Cellini, un
des plus habiles orfévres de Florence, qui avait quitté Rome

---

(5) V. Rubys, *Hist. de Lyon*, p. 370. On lit à la même page : « Ce fut
vers le même temps qu'un riche citoyen, Jean Neyron, natif de Lyon,
fit construire, dans les granges voisines des Augustins, un théâtre où, les
dimanches et les fêtes, on représentait les Histoires du Vieil et du Nouveau Testament avec la farce au bout. » — Neyron mourut en 1541, et
son fils, effrayé sans doute par les troubles religieux suscités de toutes
parts par les Huguenots, vendit, peu de temps après la mort de son père,
les bâtiments où était le théâtre, à Antoine Sigles, marchand de Stras-
bourg, résidant à Lyon, lequel en revendit une partie où fut construite
une maison d'habitation. Note de M. l'avocat Brouchoud.

où il s'était établi, pour venir exercer son art en France. Vers la fin de septembre de cette même année, François Ier se rendit dans le Dauphiné, suivi de douze mille cavaliers. Hippolyte qui faisait partie des grands seigneurs qui acccm- pagnaient le Roi, dinait tous les jours, pendant ce voyage, à la petite table de S. M. Le 17 octobre, François Ier était dans le château de Saint-Priest, où il signa une ordonnance re- lative aux hôteliers (6). Cellini, qui était aussi du voyage, nous apprend que le Roi était encore dans ce château le 31 octobre (7).

L'année suivante (1541), Hippolyte confirma la Charte par laquelle Louis de Villard, son prédécesseur, avait érigé, en 1505, l'église de Saint-Nizier en collégiale (8).

Prévoyant que les nombreuses dignités dont il était revêtu ne lui permettraient pas de résider dans sa métropole, Hippo- lyte prit pour suffragant aux fonctions épiscopales, Jean Bothéon, évêque de Damas *in partibus*.

Cette même année, vers les premiers jours de septembre, le roi de Navarre, Henri II, se trouvait à Lyon. Le 28 de ce mois, François Ier, la Reine et le Dauphin firent une entrée solennelle dans cette ville, et logèrent dans le monastère d'Ainay, qui avait pour abbé le cardinal Nicolas Gaddi (9).

---

(6) Voyez le Recueil de Michel Berland (Paris, Ch. Langelier, 1548, in-fof.). Je dois cette indication à l'obligeance de M. Taschereau, directeur de la Bibliothèque impériale.

(7) Voyez les *Mémoires de Benvenuto Cellini*, liv. 3, chap. 4.

(8) Voyez ma notice sur *Louis de Villars* (Lyon, 1857, in-8°), et à la p. 3, ligne 16, au lieu d'*Humbert de Villars*, mettez *Humbert Ier*; même p., l. 21, au lieu de *Bernard*, mettez *Béraud*; p. 5, l. 8, au lieu de *jouissance*, mettez *plaisance*.

(9) S'il fallait en croire Rubys (p. 371 de son *Hist. de Lyon*), les plai- sants discours que le cardinal Gaddi fit au Roi, ne cédaient en rien à ceux que l'on attribue à l'abbé de Vendosme. V. Bayle, article FONTEVRARD.
rem. L.

Ce prélat florentin était venu se réfugier en France après le sac de Rome, et il avait succédé comme abbé d'Ainay à Antoine de Talaru, décédé le 6 février 1539.

Sous l'administration du prélat italien, disparurent peu à peu les moines de l'abbaye qui ne pouvaient sympathiser avec lui, et presque tout le temps qu'il y resta, le service divin fut interrompu : « on sonnait les matines, on ne les chantait pas. »

L'année suivante (1542), Pierre Ribadeneyra, envoyé par saint Ignace à l'Université de Paris pour y achever ses études, partit de Rome le 28 avril ; il fit le voyage à pied, bien qu'il n'eût alors que seize ans. Quand il arriva à Lyon vers la fin de juin, il y courut un grand danger ; il avait couché à l'Hôtel-Dieu avec ses deux compagnons de voyage, et, le lendemain, tous trois se disposaient à rendre visite au cardinal Gaddi, pour lequel ils avaient des lettres de recommandation. Il avait plu continuellement depuis deux mois, et, pendant qu'ils cheminaient sur la rive droite du Rhône, ce fleuve débordait ; ils allaient être entraînés par les flots quand les domestiques du cardinal qui revenaient du marché, montés sur des mules, leur crièrent : *Guardate, Signori, non andate più lontano* ; alors ils rebroussèrent chemin, et partirent immédiatement pour Paris (10).

Vers ce même temps, le cardinal Gaddi eut de violents démêlés avec les échevins qui voulaient le contraindre à rétablir le service divin dans son monastère, et à faire les aumônes auxquelles il était assujetti de toute ancienneté. Obligé de se retirer, son abbaye fut donnée à Hippolyte qui la céda plus tard au Cardinal de Tournon (11).

En 1543, un littérateur lyonnais, Jean Desgouttes, publia

---

(10) V. l'*Hist. de P. Ribadeneyra*, par le P. Prat, p. 30.

(11) V. mes *Docum. sur Lyon*, année 1542, p. 66.

une traduction française du *Roland furieux*; notre archevêque, en permettant qu'elle lui fût dédiée, voulut sans
doute réparer l'injure que feu son oncle, le cardinal de
Ferrare, avait faite à l'Arioste quand il lui dit : *Messer Lodo-
vico, dove avete pigliato tante corbellerie* (12)? Je ne sais, a
dit Voltaire, quel plaisant a fait courir le premier ce mot ; le
Cardinal aurait dû dire : *Dove avete pigliato tante cose divine* (13)?

Lyon était, en ce temps-là, le rendez-vous d'un grand
nombre de lettrés, surtout d'esprits forts, qui trouvaient
dans nos typographes une complaisance dont les uns et les
autres eurent plus d'une fois à se repentir. Jamais la presse
n'avait été plus féconde et plus licencieuse. Les professeurs
du collége de la Trinité, qui avait pour principal Barthélemy
Aneau, poète, traducteur et romancier, sympathisaient avec
les novateurs, et la Réforme faisait de rapides progrès, surtout dans le Dauphiné. Afin de mettre une digue à ce torrent,
François Ier avait rendu, le 2 décembre 1541, une ordonnance qui contenait un règlement pour l'imprimerie de Lyon,
et qui défendait de publier aucun livre sans la permission du
grand scel ; mais il paraît que cette ordonnance ne fut pas
mise à exécution, du moins immédiatement.

Le 2 décembre 1544, Hippolyte se rendit au concile qui
devait s'ouvrir à Trente le 15 mars suivant. A son retour,
en juillet 1546, il fut nommé à l'évêché d'Autun ; mais, après
l'avoir gardé quatre ans, il permuta avec Philibert Dugny de
Courgengoux, qui lui donna, en échange de ce siége, l'abbaye de Flavigny et le prieuré de Saint-Vivant.

(12) Bayle, art. Léon X, rem. G., a traduit ainsi ce mot : « D'où diable
avez-vous pris tant de fadaises ? »

(13) *Dict. philosophiq.*, au mot ÉPOPÉE. V. Tiraboschi, t. 7, partie I, p.
44, et Ginguené, *Hist. litt. d'Italie*, t. 4, p. 355. Voyez, ci-après, la
note 33.

Cette même année (1546), il y eut, à Lyon, un grand jubilé à l'occasion de la rencontre de la Fête-Dieu avec celle de saint Jean-Baptiste. Le commentateur des Arrests d'amours, Benoist Court, chevalier de la Primatiale, fut chargé par le Chapitre de faire la relation des réjouissances qui eurent lieu à cette occasion (14).

Un événement à jamais déplorable eut lieu à Paris, le 3 août de cette même année : condamné comme hérétique, Estienne Dolet, un des plus érudits et des plus habiles typographes de Lyon, fut pendu sur la place Maubert ; son corps fut brûlé, et ses cendres jetées au vent (15). Vers le même temps, plusieurs ministres huguenots, qui prêchaient clandestinement à Lyon dans des maisons particulières, furent découverts, et ne durent qu'à la fuite leur salut.

En 1531, François 1er avait fait saisir la justice séculière de l'archevêché pour quelques mécontentements que lui avait donnés François de Rohan (16), Hippolyte en obtint la mainlevée à l'avénement d'Henri III (31 mars 1547), et il en reprit possession le 23 juin 1547.

Gabriel de Saconay, prévôt du Chapitre de Saint-Jean, se rendit à Paris à la même époque, et fit confirmer par le nouveau monarque les anciens priviléges de l'Église de Lyon.

En janvier 1548, notre prélat fit faire une nouvelle édition du bréviaire à l'usage du diocèse de Lyon, laquelle parut sous ce titre :

Breviarium ecclesiæ Lugdunensis recognitum ac innumeris penè mendis summa diligentia et fide repurgatum.

(14) Voyez Rubys, *Hist. de Lyon*, p. 373.

(15) Voyez les *Annales* de Maittaire, t. 3, p. 9 ; H. Martin, *Hist. de Fr.*, t. 8, p. 143 et 343 ; la *Biogr. Lyonn.*, p. 93, et mes *Docum. sur Lyon*, année 1622, p. 120,

(16) Voyez Rubys, p. 374, et ma *Notice* sur François de Rohan.

Lugduni, apud Mauricium Roy *et* Ludovicum Pesnot, *sub insigni Salamandrœ*, in-32 gothique de cccclij ff, sans date. En tête, est un avertissement des vicaires généraux, signé de l'abbé Ponchon, l'un d'eux, et daté du 21 janvier 1547 (1548 n. s. (17).

Henri II s'était proposé de s'arrêter à Lyon, à son retour d'Italie, où il était allé pour mettre un terme à quelques différends avec la Cour de Rome; Catherine de Médicis, sitôt qu'elle en fut instruite, se hâta de venir en notre ville; elle passa plusieurs jours chez les moines de l'Isle-Barbe, et descendit le 16 août dans l'abbaye d'Ainay.

Le Roi arriva le 21 septembre; il fit son entrée solennelle le dimanche suivant; Catherine fit la sienne le lendemain.

Brantôme nous a laissé une longue analyse de la tragi-comédie qui fut représentée devant Leurs Majestés, et pour laquelle on dépensa plus de dix mille écus. Diane de Poitiers (18), que le *Roi servoit*, dit cet historien (19), fut très-contente de la fête, et, toute sa vie, elle aima fort la ville de Lyon. Les négociants florentins firent représenter devant la Cour, par des artistes italiens, *la Calandra*, comédie du cardinal Bibbiena (20). Le poète lyonnais Maurice Sève publia une relation de ces réjouissances, imprimée en italien et en français.

(17) Le plus ancien Bréviaire imprimé à l'usage de Lyon est celui qui est sorti des presses de *Janonus Carcani*, en 1498 (99 n. s.). V. le *Manuel* de M. Brunet, t. i, col. 1237. — En 1548, fut publié un petit livre contenant l'office de saint Africanus, honoré d'un culte particulier à Lyon, où, suivant quelques écrivains, il aurait été évêque après saint Patient.

(18) Diane avait une nièce qui fut abbesse de Saint-Pierre, de 1546 à 1599; c'était Françoise de Clermont, fille d'Antoine, 11e du nom, et de Jeanne de Poitiers. *Arch. du Rh.*, t. viii, p. 97; l'abbé du Tems, t. iv, p. 407.

(19) *OEuvres*, t. ii, p. 331, édit. du Panthéon.

(20) Un artiste italien, qui fut ensuite au service du cardinal de Tournon,

Le 28 septembre, le Roi tint un Chapitre de l'Ordre de
Saint-Michel dans la cathédrale (21), et partit le 1er octobre
pour aller coucher à l'Arbresle (22).

Le 12 avril 1549, une bulle de Paul III sécularisa, sur
leur demande, les moines de l'Isle-Barbe (23), qui avaient
alors pour abbé Antoine d'Albon, ami et correspondant
d'Erasme (24). Hippolyte voulut, mais en vain, s'opposer à
la fulmination de cette bulle. Le 10 novembre suivant,
Paul III passa de vie à trépas, et notre cardinal se rendit à
Rome avec l'espoir de lui succéder. Le célèbre humaniste
Marc-Antoine Muret (25), qu'il avait pris pour conclaviste,
prononça, dans le Sacré-Collége, une très-belle harangue,
dans laquelle il s'efforça de faire valoir les droits d'Hippolyte
à la tiare (26); le choix des cardinaux tomba sur Jean-Marie
del Monte, qui prit le nom de Jules III.

maestro Nannuccio, fut chargé de la partie sculpturale de cette représen-
tation. Voyez Mariette, *Abecedario,* lettre N.

(21) Voyez Rubys, p. 375, et l'*Alm. de Lyon* de 1746, p. xxxvj.

(22) Jean Bodin, dans son livre, *le Fléau des Démons,* et Pierre de l'Ancre
dans son traité *De l'Inconstance des mauvais Anges,* rapportent qu'en
1548, le curé de *Saint-Jean-le-Petit,* à Lyon, fut brûlé vif, pour avoir dit,
« ce que depuis il confessa en jugement, qu'il ne consacroit point l'hostie
« quand il disoit la messe, pour faire damner ses paroissiens, à cause
« d'un procès qu'il avoit avec eux. »

(23) Voyez Le Laboureur, *Maz.,* t. I, p. 272. — Le prieuré de Saint-
Rambert-en-Forez, « premier membre de l'abbaye de l'Isle-Barbe, » fut
aussi sécularisé par la même bulle. V. Poullin de Lumina, *Eglise de Lyon,*
p. 375.

(24) V. mon opuscule, *Erasme dans ses rapports avec Lyon,* 1843, in-8.

(25) Ce fut à la recommandation du cardinal de Tournon qu'Hippolyte
avait appelé Muret à Rome pour grossir sa cour littéraire. Voyez de Thou,
l. 32, *ad init.*

(26) La Cour de France, dit l'abbé Cardella, mit tout en œuvre pour
qu'Hippolyte fût nommé ; mais, ajoute-t-il, il en plut autrement à Dieu, et
cependant, pour parler le langage humain, il était doué de ces vertus qui

En 1550, les Minimes (27) vinrent s'établir à Lyon. Ils y furent appelés par un de leurs plus célèbres prédicateurs, Simon Guichard, surnommé le Marteau des hérétiques.

L'année suivante, Hippolyte se démit du siége de Lyon en faveur du cardinal de Tournon, qui lui céda celui d'Auch ; il est à présumer que cette permutation fut sollicitée par le Chapitre de la Primatiale, qui voyait sans doute avec peine le premier pasteur du diocèse ne pas le seconder assez dans ses résistances aux tentatives des Calvinistes, qui voulaient faire de Lyon le boulevard de la Réforme. Durant les dix années de son épiscopat, le cardinal de Tournon déjoua plusieurs fois leurs manœuvres ; mais huit jours après sa mort, arrivée le 22 avril 1562, le baron des Adrets s'empara de Lyon sans coup férir. La terreur inspirée par ses farouches soldats fut telle, que la majeure partie des Catholiques sortit de la ville.

A l'avénement de Charles IX, Hippolyte fut chargé d'une mission auprès du Saint-Siége, et fut déclaré protecteur des Français à Rome (28). En 1561, il était revenu en France pour assister au Colloque de Poissy (29) ; il était accompagné de son savant protégé, Muret, qui lui servait de secrétaire (30).

semblent nécessaires à la plus sublime dignité. *Memorie storiche*, t. 4, p. 210.

(27) Voyez ma notice sur ces religieux, dans *l'Écho de Fourvière* du 4 juin 1864. — Ce ne fut qu'en 1565, sous l'épiscopat d'Antoine d'Albon, que les Jésuites s'établirent à Lyon.

(28) De Thou, livre 54, *ad calcem*.

(29) *Hist. du Concile de Trente*, par Sarpi, p. 438 de la traduction d'Amelot de la Houssaie.

(30) Muret mourut à Rome en 1585. Montaigne rapporte, dans son *Voyage d'Italie*, qu'en mars 1581, il dîna avec lui et plusieurs autres savants chez l'ambassadeur de France à Rome.

Vers les premiers jours de 1562, Hippolyte partit de Paris pour se rendre au Concile de Trente. Arrivé près d'Orléans, cinquante cavaliers de l'armée de Condé enlevèrent son bagage, ses chevaux et ses mulets; quand il les fit réclamer par un trompette, le prince répondit qu'un train si magnifique et si militaire ne convenait point à un successeur des Apôtres (31). Pendant qu'il était encore à Trente, Hippolyte fut appelé à occuper une seconde fois le siége de Lyon; mais, a dit Poullin de Lumina (32), comme cette ville était au pouvoir des Huguenots, prévoyant qu'en sa qualité d'étranger, et surtout d'Italien, il ne serait pas vu de bon œil sur ce siége, il s'empressa de permuter avec Antoine d'Albon, archevêque d'Arles, après en avoir obtenu l'agrément de la Cour. Dès lors, son nom ne fut plus mêlé à l'histoire de Lyon. Je ne le suivrai pas dans les différentes missions qu'il eut à remplir avant de terminer une vie toujours si active. Son corps était déjà plus usé par le travail que par les années, et lorsqu'il en eut le sentiment, il se démit de tous ses bénéfices en faveur de son neveu, Louis d'Este, qui fut l'héritier de son immense fortune (33).

(31) De Thou, liv. 32, *ad initium.*

(32) *Hist. de l'Eglise de Lyon,* p. 379.

(33) Les vers qui suivent sont tirés d'une épitre de Jean Daurat à Louis d'Este (*Poemata,* p. 21) :

> Nuper et Hippolytus, cum fato functus obiisset,
> Maximus antistes, patruus ille tuus,
> Quos habuit cunctos in te transmisit honores.
> Successit illi, rege favente, nepos.
> Ergo qui patruo successor es unus honorum
> Successor morum sis quoque tu patruï.....

On lit dans de Thou, livre 54 : « Les bâtiments superbes qu'Hippolyte d'Este a élevés en France, et les beaux jardins de Monte Cavallo et de Tivoli, qu'il a fait faire avec une dépense vraiment royale, seront à ja-

Hippolyte mourut à Rome, le 2 décembre 1572. On déposa
d'abord sa dépouille mortelle dans l'île de Sainte-Catherine,
puis elle fut transportée à Tivoli, et inhumée dans l'église
des Cordeliers, où le jour de ses obsèques, onze du même
mois, le plus dévoué et le plus affligé de ses favoris, Muret,
prononça une oraison funèbre, dont mon bien-aimé neveu,
M. de Lagrevol, a bien voulu faire, à mon désir, une traduction qui sera jointe à cette notice.

Note additionnelle. — Hippolyte d'Este remplit un rôle si
honorable dans les *Mémoires* de Benvenuto Cellini que je
ne puis me dispenser de reproduire les passages où il
figure.

Cellini, un des plus habiles orfévres de son temps, naquit à
Florence, le 2 novembre 1500 (a); il s'était établi à Rome, où il
exerçait sa profession avec le plus grand succès, quand il lui prit
envie de visiter la France ; il avait alors 37 ans. Il partit avec
deux de ses élèves, Ascanio et Pagolo, tous trois à cheval ; il traversa la Suisse, et de Genève il vint à Lyon, où il resta quatre jours ;

mais les monuments de sa magnificence. » Voyez Cardella, livre déjà cité,
et Moréri, article Tivoli. — En 1599, il y avait à Mirebel un *Antoine
Arioste* qui possédait « un tènement de maison et terres situées aux côtes
« de Neyron (Bresse). » Il est qualifié de trésorier du cardinal d'Este dans
un procès qu'il eut à soutenir contre Antoine de l'Aubespin, grand custode
de l'Eglise de Lyon. Voyez mes *Docum. sur Lyon*, fin 1599.

(a) C'est lui-même qui nous l'apprend dans ses *Mémoires*, dont on a trois
traductions françaises, la première de T. de Saint-Marcel, la deuxième de
D. Farjasse, la troisième de Léopold Leclanché. J'ai eu les deux dernières
sous les yeux, et j'ai profité de l'une et de l'autre pour faire mon analyse.
En 1852, M. François-Paul Meurice a fait représenter à la Porte-Saint-Martin
un drame dont Benvenuto Cellini est le sujet. Il est à remarquer que
Meurice a un frère qui s'est rendu célèbre dans le bel art de l'orfévrerie.

il s'y amusa beaucoup, et probablement il logea chez Alexandre d'Albisso (*b*), qui possédait une grande fortune ; c'était le frère d'Albertuccio del Bene, qui résidait à Rome, et que Cellini comptait au nombre de ses meilleurs amis. Arrivé à Paris, et après s'être reposé quelques jours, Cellini, qui désirait être présenté au roi, se rendit à Fontainebleau avec Giuliano Buonaccorsi, trésorier de Sa Majesté, qui lui servit d'introducteur. L'audience fut extrêmement gracieuse. Francois Ier, qui était sur le point de partir pour Lyon, dit à messer Giuliano d'emmener Cellini, et que l'on parlerait en route de plusieurs beaux ouvrages dont l'exécution lui serait confiée. Cellini suivit donc la Cour ; chemin faisant, il se lia étroitement avec Hippolyte d'Este, qui n'était pas encore cardinal. Chaque jour, il avait de longs entretiens avec ce prélat, qui l'engagea à rester à Lyon, dans son abbaye d'Ainay, jusqu'à ce que le roi fût de retour de la guerre. Hippolyte était forcé de se rendre à Grenoble, mais son hôte devait trouver dans l'abbaye tout ce qu'il pourrait souhaiter. En arrivant à Lyon, Cellini était malade, et l'un de ses deux ouvriers, Ascanio, avait la fièvre quarte, de sorte qu'il était dévoré du désir de retourner à Rome. Hippolyte l'ayant vu décidé de quitter la France, lui remit l'argent nécessaire pour lui fabriquer un bassin et une aiguière. L'artiste partit donc et traversa les montagnes du Simplon avec ses deux élèves et quelques Français qui lui tinrent longtemps compagnie. Arrivé à Rome, huit ouvriers travaillaient nuit et jour sous sa direction, autant pour son honneur que pour son profit. Pendant qu'il poussait ainsi, de front et avec vigueur, l'exécution des pièces d'orfévrerie qui lui avaient été commandées, il reçut d'Hippolyte la lettre suivante :

« Benvenuto, notre cher ami, le grand roi très-chrétien s'est souvenu de toi, et m'a dit, il y a peu de jours, qu'il désirait

---

(*b*) C'était peut-être le père de Jean d'Albissi, seigneur d'Yvours. Voyez son article dans la *Biogr. lyonn.*, et ajoutez-y que frère Luc Antonio Ridolfi publia à Lyon, en 1551, une traduction des *Dames de renom*, de Boccace, qu'il avait dédiée à Marie Albizi de Dei.

t'avoir à son service ; je lui ai répondu que tu m'avais promis de venir dès que je te demanderais. « Je veux, a repris le roi, qu'on « lui envoie l'argent nécessaire pour qu'il puisse voyager avec « un train digne d'un homme tel que lui. » Au même instant, il a chargé son amiral de me faire compter mille écus d'or par le trésorier de l'Epargne. Le cardinal Gaddi (c), qui était présent, s'est alors avancé et a dit à Sa Majesté qu'Elle n'avait pas besoin de donner cet ordre, parce qu'il t'avait lui-même envoyé assez d'argent, et il a ajouté que tu étais en route. Si, comme je le pense, rien de ce qu'a dit le cardinal Gaddi n'est vrai, réponds-moi dès que tu auras reçu ma lettre ; je ramènerai l'affaire sur le tapis, et tu auras l'argent promis par ce roi magnanime. »

Cellini se hâta de répondre à son protecteur que le cardinal Gaddi ne lui avait rien offert, et que si ce prélat lui avait fait quelque proposition, il ne l'aurait pas tenue secrète ; qu'au reste il était prêt à partir dès qu'il aurait reçu une nouvelle lettre.

Vers ce même temps, Cellini eut un procès avec un de ses ouvriers ; il le gagna. L'ouvrier, pour se venger, accusa son patron d'avoir volé, pendant le sac de Rome, des bijoux appartenant à l'Eglise. Arrêté et renfermé au château Saint-Ange, Cellini n'eut pas de peine à se justifier ; mais, comme on lui avait fait la réputation d'un homme turbulent, on ne lui rendit pas la liberté. François Ier, instruit de cette injustice, chargea M. de Montluc, son ambassadeur, de le réclamer comme son sujet ; Paul III se montra inexorable.

L'infortuné prisonnier avait fait, avec les draps de son lit, des bandes assez longues et assez fortes pour s'échapper par une des tours du Château ; cet expédient lui réussit. Bientôt trahi par l'indiscrétion d'un ami qu'il recevait dans la maison où il avait trouvé un asile, il y fut arrêté. Reconduit en prison, il fut mis dans le cachot où le prédicateur Foiano était mort de faim. Il fit vœu, le 2 octobre 1539, d'aller au Saint-Sépulcre, si Dieu le trouvait digne de revoir le soleil. Le 1er novembre suivant,

(c) Voyez, ci-dessus, p. 44.

le gouverneur du château, se sentant dangereusement malade,
voulut faire estimer par Cellini des pierreries; l'artiste fut amené
dans la chambre qu'il avait occupée avant son évasion. Quelques
jours après, Hippolyte, étant arrivé à Rome, fut invité à l'un des
splendides festins que Paul III donnait une fois par semaine, et,
profitant, après le repas, des bonnes dispositions du Saint-Père,
il lui fit signer l'ordre de mettre, sur-le-champ, Cellini en liberté. Aussitôt, deux gentilshommes de sa suite, allèrent, à
quatre heures de la nuit, délivrer le prisonnier; ils l'amenèrent
auprès d'Hippolyte, qui l'installa dans sa villa de Belfiore.

Avant sa captivité, Cellini avait ébauché le bassin et l'aiguière
que son protecteur lui avait commandés; l'aiguière avait dis-
paru; il fallut en fabriquer une autre. Hippolyte venait, au
moins une fois par jour, dans l'atelier de l'artiste, et ne cessait
de lui donner de nouvelles commandes; il voulut, entre autres
choses, un cachet épiscopal pour son église de Milan. Benvenuto y grava deux petits sujets : saint Jean prêchant dans le dé-
sert, et saint Ambroise, à cheval, chassant les Ariens. Hippolyte
était fier de ce cachet qu'il se plaisait à comparer à ceux des autres cardinaux, qui, presque tous, étaient de la main de Lanti-
zio . Un jour, il demanda à Cellini le modèle d'une salière
qui ne ressemblât en rien à ce qui avait été fait jusqu'alors en ce
genre, ensuite il lui communiqua des lettres par lesquelles François Ier lui mandait de revenir au plus tôt à sa Cour, accompagné
de Benvenuto; il lui recommanda de se tenir prêt à partir
dans dix jours, et lui fit présent d'un superbe cheval appelé
Tournon, parce qu'il lui avait été donné par le cardinal de
Tournon.

Cellini refusa de se joindre à la suite d'Hippolyte, parce qu'il
voulait s'arrêter à Florence. Il partit de Rome, le Lundi-Saint
31 mars 1540 (n. s), avec Ascanio et Pagolo; ils faillirent périr
en route; il arrivèrent cependant à Ferrare avant Hippolyte, qui,
instruit des dangers qu'ils avaient courus, s'écria quand il revit
son protégé : « Plaise à Dieu que je te conduise vivant au Roi,
« comme je m'y suis engagé ! » Cellini obtint du prélat un domestique avec lequel il put chevaucher avec plus de sécurité. Il

laissa Hippolyte à Ferrare, et, traversant le Mont-Cenis, il dé-
barqua sain et sauf à Lyon. Il fut obligé d'y séjourner pour at-
tendre un muletier qui devait lui apporter le reste de ses bagages
ainsi qu'une caisse contenant le bassin et l'aiguière ; il logea
dans le cloître d'Ainay, et quand le muletier fut arrivé, il chargea ses bagages sur une charrette et se mit en route pour Paris.

La Cour était à Fontainebleau. Cellini s'y rendit avec ses deux
ouvriers, Hippolyte leur fit aussitôt donner des logements. Instruit de son arrivée, le Roi voulut que l'artiste lui fût présenté
immédiatement ; il vint auprès de Sa Majesté avec le bassin et
l'aiguière à la main ; le monarque les prit et s'écria, en s'adres-
sant à Hippolyte : « En vérité, je ne crois pas que les anciens
« aient jamais rien produit d'aussi beau ; je me souviens d'avoir
« vu tous les chefs-d'œuvre des meilleurs maîtres d'Italie, mais
« aucun ne m'a tant frappé que celui-ci. » Puis se tournant
vers Cellini, il lui dit en italien : « Benvenuto, passez ici quel-
« ques jours, amusez-vous et faites bonne chère ; pendant ce
« temps là, nous songerons à vous faciliter les moyens d'exé-
« cuter quelque chef-d'œuvre. »

Quelque temps après, le Roi fit un voyage en Dauphiné, accompagné de toute sa Cour et d'une suite extrêmement nom-
breuse (d) où se trouvaient Cellini et ses deux ouvriers. Au re-

---

(d) Le château de Saint-Priest, où François Ier s'arrêta, avait déjà reçu
le roi Charles VII en 1456, lorsqu'il fut obligé de venir en ce pays pour
rappeler à l'ordre son fils, le dauphin Louis ; c'était un magnifique château
qui appartint, pendant plusieurs siècles, à la famille Richard de Saint-
Priest, qui portait d'azur, à trois quinte-feuilles d'argent, et qu'il ne faut
pas confondre avec les Saint-Priest du Forez ; il passa plus tard dans la
famille de Budos, qui le vendit, le 27 février 1645, moyennant le prix de
94 mille livres à Jacques Guignard, seigneur de Bellevue, premier prési-
dent en la Cour des Aides de Vienne (depuis prévôt des marchands de la
ville de Lyon), en faveur duquel la seigneurie de Saint-Priest fut érigée en
vicomté, au mois de novembre 1646. Cette famille existe encore à Paris où
elle est représentée par les comtes de Saint-Priest et les ducs d'Almasan
(note de M. A. de T.). — Aujourd'hui le château de Saint-Priest appar-
tient à M. Louis Bonnardet, membre de l'Académie de Lyon.

tour, vers la mi-novembre, il fut installé au Petit-Nesle, mais il faillit en être expulsé par le prévôt des marchands de Paris, qui prétendait que ce château lui appartenait. Le Roi avait chargé son premier secrétaire, M. de Villeroy, de pourvoir Cellini de tout ce qui pouvait lui être nécessaire, mais Villeroy, l'intime ami du prévôt, fit subir à l'artiste mille contrariétés ; alors le monarque irrité le plaça sous la sauvegarde du comte d'Orbec, qui lui procura avec la plus rare complaisance tout ce dont il avait besoin.

Le bassin et l'aiguière, après plusieurs mois de travail, étaient enfin terminés ; quand ils furent dorés, Cellini les remit à Hippolyte qui s'empressa d'aller les offrir au Roi. En retour de ce présent, Sa Majesté gratifia Hippolyte d'une abbaye de sept mille écus de rente, et voulut, en même temps, faire un cadeau à Cellini, mais Hippolyte dit qu'il lui ferait une pension de trois cents écus au moins quand il serait en possession de l'abbaye.

Quelque temps après, le Roi se trouvant à Paris, se rendit, un soir après dîner, dans l'atelier de Cellini qu'il n'avait pas prévenu ; il était accompagné d'Hippolyte, du cardinal de Lorraine, de Madame d'Etampes et de l'élite de la noblesse de la Cour. A son arrivée, tous les ouvriers étaient à l'œuvre. Enchanté de cette visite, François manda Cellini le lendemain, pendant son dîner. Hippolyte était assis à la table royale, et l'on était au second service quand il fut introduit. Dès qu'il se fut approché, le roi lui dit qu'il voulait que le bassin et l'aiguière fussent accompagnés d'une salière ; il commanda au vicomte d'Orbec de remettre, pour la confection de cette pièce, mille écus de vieil or et de bon poids. Beaucoup d'autres objets lui furent commandés. Pour le retenir en France, des lettres de naturalisation lui furent données, et le Roi le fit seigneur du Petit-Nesle.

Un traité de paix entre François 1er et Charles-Quint avait été signé à Crépy, le 18 septembre 1544. Cellini avait terminé tous les objets demandés par la Cour, et, n'ayant pas reçu de nouvelles commandes, il avait congédié, depuis plusieurs mois, tous ses ouvriers, à l'exception de Pagolo et d'Ascanio. Le Roi était alors à Argenton, ville qui appartenait à la reine de Navarre.

Cellini s'y rendit, il y trouva Hippolyte, et, après avoir attendu
quelques jours, parce que Sa Majesté était malade, il lui fut présenté et lui offrit deux petits vases d'argent, les derniers qu'a-
vaient faits Ascanio et Pagolo; le Roi en fut charmé, Cellini profita
de ses bonnes dispositions pour demander la permission d'aller
faire un tour en Italie : « Benvenuto, lui dit le Roi, tu es un
« grand fou, emporte ces vases à Paris ; je veux qu'ils soient
« dorés. » Hippolyte engagea l'artiste à ne pas insister et à retourner à Paris, où si, après huit jours d'attente, il ne lui écri-
vait pas, ce serait signe que rien ne s'opposait à son départ. Au
bout de vingt jours, Cellini ayant achevé tous ses préparatifs,
plaça les caisses, qui contenaient trois vases ébauchés, sur un
mulet que lui prêtait, jusqu'à Lyon, l'évêque de Pavie ; il laissa
la garde de son château à ses deux élèves, qui, pour ne pas rester oisifs devaient terminer plusieurs pièces commencées. Il partit accompagné d'un domestique et d'un petit valet français. Hippolyte de Gonzague, qui était à la fois au service du Roi et du
comte Galeotto della Mirandola, quelques gentilshommes de ce
dernier et le florentin Leonardo Tedaldi se joignirent à lui. A
peine fut-il parti que les trésoriers du roi se rendirent au Petit-
Nesle, et, prétendant que les trois vases que Cellini avait empor-
tés avaient été faits avec l'argent de Sa Majesté, ils dépêchèrent
Ascanio pour lui enjoindre de les renvoyer. Celui-ci atteignit,
au milieu de la nuit, son maître qu'il trouva couché dans une hô-
tellerie. L'intention de Cellini était de déposer ces vases dans
l'abbaye d'Ainay jusqu'à son retour d'Italie ; aussi n'hésita-t-il
point à faire reconduire le mulet et sa charge au Petit-Nesle, et
il continua sa route avec ses compagnons de voyage.

On n'était plus qu'à une journée de Lyon, lorsque, vers les
4 heures du matin, de violents coups de tonnerre ébranlèrent la
voûte du ciel sillonnée par de nombreux éclairs. Cellini chevau-
chait à une portée d'arbalète en avant de ses camarades ; outre
le tonnerre, il sortait des nuages un bruit si épouvantable qu'il
crut que le jour du jugement dernier était arrivé ; il s'arrêta ;
des grêlons, plus gros que des graines de sarbacane, commen-
cèrent à tomber sans une goutte d'eau ; ils allèrent peu à peu,

en grossissant, si bien qu'on les aurait pris pour des balles d'arbalète ; son cheval s'épouvantant, il tourna bride, et courut ventre à terre jusqu'à ce qu'il eût retrouvé ses compagnons. Ceux-ci, non moins effrayés que lui, s'étaient réfugiés sous des pins ; bientôt la grêle arriva à la dimension d'un citron ; Cellini se mit alors à entonner le *Miserere*, et pendant qu'il s'adressait ainsi dévotement à Dieu, un énorme grêlon fracassa une forte branche du pin sous lequel il se croyait en sûreté ; un autre frappa son cheval à la tête et faillit le renverser ; il fut lui-même atteint par un troisième grêlon ; mais heureusement par ricochet, car autrement il serait mort sur le coup. Le pauvre vieux Léonardo, qui, comme Cellini, était agenouillé, fut de son côté, renversé les mains contre terre. Aussitôt que Cellini vit que les pins ne pouvaient plus le protéger, et qu'il ne suffisait pas de chanter le *Miserere*, il étendit ses habits sur sa tête, et dit à Léonardo, qui criait « Jésus, Jésus, au secours! » que Jésus lui aiderait s'il s'aidait lui-même. Le salut de ce poltron coûta plus à Cellini que le sien propre. Cet ouragan se dissipa enfin ; les voyageurs, tout moulus, remontèrent à cheval, en se montrant leurs contusions et leurs meurtrissures. A un mille de là, des scènes de désolation que l'on ne saurait décrire, vinrent s'offrir à leurs regards: des arbres ébranchés et brisés, des bestiaux assommés et plusieurs bergers écrasés et sans vie ; ils virent quantité de grêlons que l'on n'aurait pas tenu dans les deux mains ; ils s'estimèrent fort heureux d'être sortis de ce mauvais pas à si bon marché ; ils reconnurent alors l'efficacité de leurs prières ; ils rendirent à Dieu de ferventes actions de grâces, et, le lendemain, ils arrivèrent à Lyon ; ils s'y reposèrent huit jours, et franchirent les monts sans accident.

Cellini nous apprend, dans son *Traité d'orfévrerie*, qu'il séjourna en France quatre années entières. Il mourut à Florence, le 15 février 1570, sans avoir revu son illustre protecteur. Entre autres ouvrages de sa main, le Musée de Paris possède un buste colossal en bronze représentant Jules César ; — le piédestal en bronze doré pour la statue de Jupiter, avec deux bas-reliefs représentant Léda et son cygne, et l'enlèvement de Ganymède ; — un petit vase doré destiné à Mme d'Etampes.

DISCOURS

prononcé

AUX FUNÉRAILLES DU CARDINAL HIPPOLYTE D'ESTE,

Par Marc-Antoine MURET (1),

Le 3 des nones de décembre (11 décembre 1572).

Quel plus triste et plus douloureux spectacle pouvait nous être offert, très-nobles sénateurs et très-illustre assemblée, que celui qui est mis, en ce jour et dans ce temple, sous nos yeux, par les décrets de la toute-puissance divine et par l'inévitable nécessité de la mort, imposée à la condition humaine ! En effet, celui qui nous relevait nous mêmes lorsque nous étions abattus, celui qui nous ranimait lorsque nous succombions à demi-morts, il est là, devant nous, gisant et inanimé. Lui dont les libéralités et les largesses inépuisables ont procuré à tant d'autres, et à nous mêmes, les moyens de conserver l'existence, le voilà maintenant privé de la vie. Ah ! oui, c'est à bon droit que des larmes tombent de tous les yeux, que de toutes parts l'on entend retentir les soupirs les plus déchirants et les gémissements les plus lamentables ; c'est à bon droit que nous voyons, non seulement les hommes, mais encore les murailles elles-mêmes de cet édifice sacré étaler avec pompe les emblèmes

(1) Muret avait consigné sur l'exemplaire imprimé de ses *Variae lectiones* quelques notes manuscrites sur Hippolyte d'Este ; voici une traduction de celle qu'on lit au bas de la Dédicace de cet ouvrage à ce prélat : « Hippolyte, cardinal de Ferrare, mourut le mardi 2 décembre 1572, un peu avant la vingtième heure. Qu'il repose en paix ! Il était né, comme je le lui ai souvent entendu dire à lui-même, le 25 août 1509. J'ai passé dans sa maison quatorze années entières, et j'ai toujours eu à me louer de sa libéralité et de sa bienveillance. » —A. DE LACREVOL.

de la tristesse et du deuil. Mais à quoi serviraient des plaintes inutiles ? Ne devons-nous pas accepter avec calme et résignation les décrets de la Providence. Cherchons donc ailleurs quelque soulagement à notre infortune et à notre affliction ; et pour adoucir, s'il est possible, la douleur que nous cause la perte d'Hippolyte d'Este, notre patron et notre père à tous, rappelons le doux souvenir de ses vertus et répétons ses louanges. Certes, c'est une bien dure et bien amère consolation que celle-là, car plus le cœur s'arrête à considérer l'excellence de ce qu'il a perdu, plus il excite ses regrets ; mais, il faut en convenir cependant, l'esprit ne peut, en ce premier moment, chercher nulle autre part que dans ce souvenir un peu de repos. Ce retour sur les glorieuses actions d'Hippolyte d'Este, apportera du moins un petit soulagement à nos regrets, en nous raffermissant dans l'espoir qui survit au fond de nos consciences; car nous croyons tous, ô Dieu très-bon et tout-puissant, qu'Hippolyte a été appelé par vous à une vie meilleure, plutôt qu'enlevé à notre amour !

Si le poids de la douleur suffisait à rendre éloquents ceux qu'elle écrase, avec qu'elle confiance, ô le meilleur et le plus cher de tous les Maitres, je me proclamerais le plus habile orateur pour célébrer les immenses et nombreux bienfaits dont vous m'avez comblé. Mais en ce moment douloureux tout m'abandonne hormis le désir de publier vos mérites : mes yeux sont obscurcis par les larmes ; mon intelligence est accablée sous le poids de la tristesse ; c'est à peine si ma poitrine oppressée peut laisser échapper des mots entrecoupés ! Si jamais j'eus quelque talent, si jamais l'habitude de la parole me fit acquérir quelque facilité, ces avantages, que votre attachement pour moi vous fit estimer plus qu'ils ne le méritaient, je les ai tous perdus aujourd'hui, en vous perdant. J'essayerai cependant votre éloge ; ma piété envers vous me fera affronter tant d'obstacles. Si j'en viens à bout, on rendra justice au sentiment de reconnaissance qui m'aura inspiré tout ce dont j'étais capable ; si, au contraire, les forces me manquent au milieu de ma course, ce sera du moins pour moi un honneur d'être anéanti et rendu muet par la douleur, au moment où j'entreprenais de vous louer.

Et maintenant, vous tous qui m'écoutez, je vous en supplie, arrêtez pour un instant vos gémissements et vos pleurs ; et tandis que je ne ferai qu'effleurer une faible partie de tant et tant de choses que j'aurais à rappeler, écartez de vos cœurs le ressentiment de la cruelle blessure qui les a déchirés, pour me prêter votre attention tout entière.

Et d'abord, si nous admettons que l'éclat et l'illustration de la famille puissent servir de recommandation à la personne, ce qui semblerait assez conforme aux lois de la nature, car plus il y a eu dans une maison d'hommes illustres par leurs vertus et la gloire de leurs grandes actions, plus ceux qui sortent de la même souche se sentent portés à suivre ces nobles exemples ; quelle maison, dans toute l'Italie, pourrait l'emporter, ou par la multitude des grands hommes qu'elle a produits, ou par l'élévation et l'ancienneté du pouvoir qu'elle tient de ses ancêtres, sur la maison des princes d'Este? Mais je ne veux pas m'arrêter à ces choses, il est bien inutile en effet de parler de ce que personne n'ignore. Le temps me presse d'ailleurs, et il serait injuste et en dehors de mon sujet, de revendiquer une gloire étrangère pour celui auquel ses œuvres en assurent une surabondante. Quelque petite et obscure qu'eût été la famille d'Hippolyte d'Este, il eût pu, à lui seul, la rendre célèbre et l'élever au faîte de la gloire. Mais, comme il était issu de la race la plus illustre et la plus relevée, il a su se conduire de manière à apporter à ses ayeux autant d'éclat et de lustre qu'il leur en devait lui-même.

Dès sa plus tendre enfance, il se fit remarquer par de

telles dispositions à la vertu et en particulier à la prudence,
que le Prince, son père, qui l'aimait si tendrement, ne voulut
jamais prendre un parti dans les affaires de quelque impor-
tance sans s'être entouré des conseils de son jeune fils. C'est
devant lui qu'il donnait audience aux ambassadeurs des cours
étrangères ; devant lui qu'il communiquait à ses ministres
les instructions les plus secrètes. Chaque fois qu'il s'agissait
de décider de la paix ou de la guerre, ou d'arrêter quelque
autre mesure d'une gravité exceptionnelle, il voulait que son
fils assistât aux délibérations. Formé à cette école de la sagesse, Hippolyte d'Este acquit en peu de temps une connais-
sance si profonde de tout ce qui touche au bon gouvernement
des peuples qu'à peine adolescent il surpassait en maturité et
en expérience les vieillards les plus consommés dans la pra-
tique des affaires. Aussi, lorsque dans un âge plus mûr, il
vint en France, à la Cour du roi François, non seulement le
premier du nom, mais encore, et de beaucoup, le premier,
par la réunion de toutes les vertus royales, entre tous les rois
de notre âge, il conquit, non pas tant à cause de la noblesse
de son origine ou des liens de parenté qui l'unissaient à ce
monarque, qu'à cause d'une certaine science dont il fit bientôt preuve dans la manière de traiter les affaires publiques,
une telle autorité, qu'après le Roi, dans ce vaste et opulent
royaume, personne n'exerça une influence aussi forte que la
sienne, dans les conseils et dans l'administration générale
du pays. Il n'eut pas moins de crédit sous le règne d'Henry II.
Ce prince n'envoya jamais ses officiers, dans quelque contrée
de l'Italie que ce fût, soit généraux d'armées, soit ambassadeurs, quels qu'ils fussent en un mot, sans les placer sous
là direction et la dépendance d'Hippolyte d'Este, et sans leur
recommander de ne rien faire dans les choses de quelque
gravité, sans avoir sollicité ses avis et obtenu son approba-
tion.

Comment passer sous silence cette mission, si utile à la République chrétienne, qu'il vint remplir en France, et comment en parler dignement? Alors s'étendait sur toute la France cette troupe innombrable d'hommes pervers, qui prenant occasion de la jeunesse du roi Charles, se croyaient tout permis, et répandaient publiquement dans le peuple les doctrines les plus dangereuses et les plus criminelles, en matière de religion. Le mal s'était étendu à ce point, que non seulement ils avaient imbu du venin de leurs fausses doctrines les classes inférieures, mais qu'ils étaient parvenus à en infecter l'esprit d'un assez grand nombre de Princes. Les écrits de Luther, de Calvin, et d'autres ouvrages impies, étalés en public, circulaient dans toutes les mains. Les livres salutaires des Jérôme et des Augustin, des Grégoire et des Ambroise, étaient expulsés de toutes les librairies et de toutes les bibliothèques. A la Cour même, se tenaient de nombreuses assemblées d'hérétiques, auxquelles prenaient part des personnes de la maison du roi. On n'entendait de tous côtés que leurs exécrables cantiques; et leurs affreux blasphèmes contre Dieu et les Saints, ne cessaient d'affliger les oreilles catholiques.

Au milieu de tant de troubles et de périls, le Souverain-Pontife, Pie IV, guidé, on n'en saurait douter, par l'esprit de Dieu, ne vit rien de mieux que d'envoyer en France, pour y remplir sa première légation, Hippolyte, cardinal de Ferrare. Ce prince montra un grand courage, en acceptant cette mission. Il ne fut arrêté ni par une santé délicate, ni par les longueurs du voyage, ni par la saison, car l'on était alors dans le plus fort de l'été, dans ce moment de l'année où les plus robustes croient qu'il n'est pas sans dangers de venir à Rome ou d'en sortir. La crainte n'eut aucun empire sur lui, bien qu'il sût prévoir tous les périls auxquels il allait se trouver exposé, en butte, jour et nuit, soit aux violences, soit aux embûches des hérétiques. Pendant sa légation, il contint les uns par son autorité, il ramena les autres aux principes qu'ils avaient abandonnés, en leur laissant entrevoir quelque espérance d'accommodement. Combien de choses, pour le salut de ce royaume, il sut taire et souffrir; combien de mesures il sut prendre, tantôt en public et aux yeux de tous, tantôt en secret et avec une certaine dissimulation. Il ne s'arrêta que lorsqu'il eut chassé les hérétiques de la Cour, ramené ceux qui étaient encore restés fidèles à leur Roi et à leur Dieu, et déclaré une guerre ouverte à ceux qui persistèrent dans leur obstination. De même que dans une graine est contenu le germe des arbres les plus grands, de même cette légation fut le germe et le principe de tant de grandes et fortes choses, plus tard heureusement accomplies en France, dans l'intérêt de la religion. Mais ce qui mérite par-dessus tout notre admiration, c'est que le Légat, ayant rencontré parmi les hommes les plus consommés en prudence et en sagesse des opinions aussi éloignées de la sienne que le ciel est éloigné de la terre, il n'en resta pas moins fermement attaché à ses plans, et que, seul de son sentiment, il sut conduire les choses à un tel résultat que l'événement vint lui donner raison contre tous, et prouver qu'à lui tout seul il avait été plus clairvoyant et plus sage que tous les autres. En attendant, la critique ne l'avait pas épargné: les sourdes insinuations, les attaques déclarées de l'envie, tantôt lui reprochèrent sa patience et ses lenteurs, tantôt interprétèrent à mal ses plus sages mesures dictées par le courage et la prudence. Il sut dédaigner ces critiques, sans perdre de vue ses desseins; la suite des événements a tellement fait justice de ces imputations malveillantes, que l'on put à bon droit lui appliquer ces vers du poète (Ennius):

« A lui seul, par de sages lenteurs, il remit à flot le vaisseau de l'Etat; de vains murmures ne lui firent jamais exposer le salut de la République. Aussi, la gloire de cet homme illustre grandit-elle de jour en jour (1). »

Limité par le temps, c'est à peine si je puis effleurer tant de choses importantes, dont chacune demanderait un volume. En effet, tout ce que je viens de dire n'a trait qu'à sa prudence. N'aurais-je donc pas à parler de ses autres vertus; quelles elles furent et combien grandes? Qui se montra jamais plus magnifique et plus splendide dans sa manière de vivre? Que d'édifices il fit élever soit en France, soit en Italie, et quels somptueux édifices! Que de riches antiquités il alla arracher pour ainsi dire à la tombe, et retirer de l'oubli où l'ignorance des siècles les avaient laissé disparaître! Que d'artistes habiles excités à de belles et nouvelles productions, par les récompenses qu'il leur proposait! Quel prince, quels ambassadeurs, quels hommes illustres et marquants purent jamais recevoir l'hospitalité dans la maison d'Hippolyte d'Este sans se croire, non chez le plus splendide des cardinaux, mais chez le roi le plus puissant? Et en même temps combien il fut généreux et libéral envers les pauvres et tous les nécessiteux! Vous le savez, habitants de Tivoli, vous qui, sans parler de tant de bienfaits incessants et journaliers, l'avez vu chaque année, à l'époque des grosses chaleurs, alors que l'épidémie étend ses ravages parmi vous, envoyer tous les jours ses gens visiter les malades et veiller à ce qu'ils ne manquassent ni de remèdes pour le rétablissement de leur santé, ni d'aliments pour l'entretien de leur famille. Et nous-mêmes, pourrions-nous oublier comment il se comporta à cet égard, durant sa légation en France? De tout l'argent

---

(1) Seul, il sut, à pas lents, ramener la victoire ;
    Pour sauver les Romains, il brava leurs discours ;
    Sa gloire en est plus belle et s'accroît tous les jours.

GALLON DE LA BASTIDE

lui revenant de ses fonctions, il ne voulut jamais rien retenir;
il le faisait distribuer aux pauvres.

Personne n'aima plus que lui les savants et les gens de
lettres; personne ne les reçut en plus grand nombre chez
lui; personne ne les encouragea par de plus généreuses et
plus inépuisables largesses. Leur conversation et leurs dé-
bats servaient d'assaisonnement à sa table; il réservait avec
soin pour les entretenir les loisirs que lui laissaient ses gra-
ves occupations. Il apportait dans ses relations avec eux,
avec ses amis et avec les gens de sa maison, une telle facilité, une bienveillance si affable qu'il semblait être un père
pour tous. Il causait familièrement avec eux, il aimait même
à plaisanter avec courtoisie. S'ils commettaient quelque faute,
il les reprenait, plutôt avec la bonté d'un père qu'avec l'autorité et la roideur d'un maître. Il ne savait rien oublier plus
facilement que les injures. Ceux d'entre nous qui ont vécu
dans son intimité savent combien de fois il lui est arrivé,
après avoir éprouvé les plus noires injustices de la part des
hommes qu'il avait le plus comblés de bienfaits, non-seule-
ment de repousser l'occasion qui lui était offerte d'en tirer
vengeance sans embarras et à discrétion, mais encore de
répandre de nouvelles faveurs sur ces ingrats, au point de les
en accabler.

Pendant tout le cours de sa vie il donna des marques
nombreuses et éclatantes de sa piété et de sa religion envers
Dieu, mais elles devinrent encore plus fortes et plus appa-
rentes quand il fut près de mourir. Aussitôt qu'il eut compris
que l'heure de sortir de ce monde était arrivée pour lui,
sans en être effrayé, il fit appeler le prêtre et lui confessa
ses péchés, avec un accent qui témoignait à la fois du repentir de son cœur et de la confiance entière de son âme
dans la bonté et la miséricorde de Dieu. Quelques heures plus tard, il reçut avec une extrême dévotion le Corps

Saint et Sacré de Notre-Seigneur Jésus-Christ. Il voulut ensuite faire son testament; et s'il n'en eût été empêché par les manœuvres de quelques hommes jaloux et envieux, il aurait laissé à tous les siens un témoignage de sa bienveillance et de son affection. Bientôt ses forces l'abandonnant de plus en plus, il reçoit, selon la coutume des chrétiens, l'onction de l'huile sainte; puis, comme on récitait à ses côtés les psaumes de David, ne pouvant faire plus, d'une voix mourante et éteinte, il répète le dernier mot de chaque verset, jusqu'à ce qu'enfin, au milieu des larmes et des gémissements de ceux qui l'entourent, il rend son âme à Dieu.

Ah! quel n'est pas mon malheur! De quel vain espoir m'étais-je flatté! J'avais cru qu'un rapide retour sur les vertus de celui que nous pleurons soulagerait mon affliction! Qu'ai-je fait? Ce souvenir a déchiré mon cœur, augmenté la plaie, ajouté douleurs sur douleurs! Que nous reste-t-il donc à faire, à nous tous qui avons perdu un tel maître, si non de donner un libre cours à nos larmes, afin de manifester, par tous les moyens en notre pouvoir jusqu'où monte notre désolation. Mais consacrerons-nous le reste de notre vie aux pleurs et aux regrets? Nous pouvons et nous devons faire mieux! En effet, si nous pouvons avoir une légitime confiance que celui qui a vécu et qui est mort si chrétiennement est déjà admis dans le ciel, il est certain néanmoins que très-peu d'âmes sortent des liens terrestres assez pures pour n'avoir à subir aucune expiation après le trépas. Nous devons donc tous faire ce qui dépend de nous pour lui venir en aide. Or nous savons que l'intensité et la durée des peines auxquelles les âmes sont exposées dans l'autre vie peuvent être adoucies et abrégées par nos bonnes œuvres et surtout par nos ferventes prières. Vous tous qui avez aimé Hippolyte d'Este pendant sa vie, aimez-le quoique mort, unissez vos prières aux miennes. Elevant tous ensemble nos cœurs et nos mains vers le ciel, demandons à Dieu de le délivrer, s'il était encore retenu dans ce lieu où les âmes achèvent de se purifier. Celui qui vivant ne sut refuser à personne son apppui, mort ne doit être abandonné de personne.

O Seigneur Jésus-Christ, créateur et rédempteur du genre humain, vous qui nous avez ordonné de prier les uns pour les autres, vous qui avez déclaré que les prières de vos fidèles ne resteraient jamais sans effets, daignez considérer cette multitude affligée et désolée, accordez, par ces blessures que vous avez reçues par amour pour nous, par ce sang que vous avez répandu sur l'autel de la Croix, par cette mort pleine d'ignominies que vous avez volontairement subie pour nous, accordez à nos supplications unanimes que votre serviteur Hippolyte d'Este, cardinal de Ferrare, soit affranchi de toute peine ; s'il vous devait encore quelque expiation, qu'il en soit libéré et introduit sans retard dans ce séjour heureux où il goûtera avec vous les joies éternelles !

Rentrez maintenant chez vous, habitants de Tivoli, et dites à vos enfants que ni eux, ni leur postérité ne verront jamais les funérailles d'un cardinal plus grand, et de toutes manières plus illustre que le cardinal de Ferrare.

.*. On venait d'achever l'impression de ma Notice sur Hippolyte d'Este, lorsque j'ai reçu de M*** la note suivante qui m'a
paru trop intéressante pour ne pas y être jointe :

« Severt, à la p. 234 du 3e tome de sa Chronologie des arche-
vêques, a fait l'addition qui suit à l'article qu'il avait consacré
dans son 1er tome à Hippolyte d'Este :

« Hippolytus Estensis, postquam sedit prima vice Lugduni,
« Arelatem venit circa annum 1556, atque permansit usque
« ad annum 1559, dum anno sequente Lugdunum rediit, semper
« Cardinalis, Francisco Turnonio intercalari. De posteriore Hippo-
« lyto, oriundo ex illustri ducum Ferrariae genitura, proloquimur,
« inter duos praesules illius gentis ac ejusdem nomenclaturae ex-
« positos tomo I, ambos Cardinales, ne hic patentes singulorum
« repetamus, ut neque opus est dilatare encomium castitatis
« istius Hippolyti à Francisco Guichardino historico Florentino
« editum, quando praesul effodi oculos jussit foeminae turpi
« amore in alium exardescenti. »

« Severt n'indique point le chapitre du livre de Guichardin où
se trouve le fait dont il parle. Cet historien mourut en 1540, et
son Histoire d'Italie s'arrête à 1534. L'Hippolyte d'Este, qui fut
archevêque de Lyon, né en 1509, ne figure pas dans cette Histoire, mais son oncle, Hippolyte, premier du nom, y est men-
tionné à la fin du 6e livre ; voici en quels termes :

« Vers la fin de cette année (1505), Ferrare fut témoin d'un
événement tragique qui rappelle le souvenir des horreurs de
Thèbes, mais dont la cause était plus légère que le sujet des di-
visions d'Etéocle et de Polinice, si pourtant l'amour a moins de
fureur que l'ambition. Le cardinal Hippolyte d'Este conçut une
violente passion pour une de ses parentes dont le cœur était
prévenu en faveur de Don Jules, frère naturel du Cardinal.
Hippolyte, n'ignorant pas cet amour, en demanda la cause à cette
jeune personne qui lui dit ingénûment qu'elle n'aimait Jules avec
tant d'ardeur qu'à cause de la beauté de ses yeux. Le cardinal,
transporté de fureur après cet aveu, surprit son frère à la chasse,
et les lui fit crever, comme pour le punir d'avoir partagé avec

lui l'amour de sa maîtresse. Ce barbare poussa même la cruauté jusqu'à jouir d'un si horrible spectacle. Telle fut la source de la haine de ces deux frères, et la fin de l'année 1505 (Traduction de Favre, retouchée par Buchon, collection du Panthéon). »

« C'est probablement cet acte de barbarie que Severt avait mal lu , et qu'il a dénaturé en attribuant à l'archevêque de Lyon, *Hippolytus posterior*, comme un éloge de sa chasteté, d'avoir fait crever les yeux à une femme qui brûlait d'un amour honteux pour un *autre*. Il est à remarquer que Garimbert n'a pas reproduit l'anecdote de Guichardin, et qu'elle a échappé à bien d'autres historiens. »   ***

FIN.